CODE ECCLÉSIASTIQUE

OU

RECUEIL COMPLET DES DISPOSITIONS

DES

CODES NAPOLÉON ET PÉNAL

RELATIVES

A l'état, aux fonctions, aux droits et aux devoirs civils des ministres des cultes chrétiens ;

SUIVIES

D'observations tirées de la loi organique des cultes, des décrets impériaux, des instructions ministérielles etc., ainsi que des motifs développés par les orateurs du Tribunat et du Conseil d'Etat à l'appui de ces dispositions.

PARIS ET STRASBOURG,
CHEZ TREUTTEL ET WÜRTZ.
1811.

AVANT-PROPOS.

Pour apprécier ses droits, et délimiter ses devoirs, tout bon citoyen doit, dans un empire bien organisé, être convaincu de l'indispensabilité d'en connaître les lois. Cette connaissance est encore plus nécessaire aux fonctionnaires publics, quelles que soient leurs fonctions, et à plus forte raison aux ecclésiastiques, dont les rapports civils et les fonctions ont subi de nos jours tant de modifications. Cependant une partie considérable des membres du clergé se persuadent par différentes raisons que cette connaissance leur est inutile, et soutiennent mal-à-propos que les lois civiles ne sont guères applicables à leur état. Une erreur aussi préjudiciable ne saurait avoir pour eux que les suites les plus funestes. Combien ne s'en trouve-t-il pas qui ne doivent leur destitution, et même leur arrestation, qu'à l'ignorance des lois, qu'ils n'auraient pas songé à enfreindre, s'ils en avaient bien connu les dispositions.

L'étude des divers codes français présente sans doute beaucoup de difficultés à des hommes qui se sont voués exclusivement à l'étude de la théologie, et pour lesquels la langue du barreau est presqu'absolument inintelligible. Ces difficultés sont augmentées par la situation de la plupart des ministres du culte, qui, répandus dans les campagnes, n'ont jamais ou rarement l'occasion de parvenir à l'intelligence des passages et des termes qui leur paraissent obscurs ; d'autant moins que souvent les autorités locales ne pensent pas même à leur communiquer les lois, les décrets, ou autres actes publics qui les concernent. Il n'est donc point étonnant que la majorité des membres du clergé n'ait point pris jusqu'ici la peine d'étudier à fond les 2181 articles contenus dans le Code Napoléon, et les 484 dont le Code pénal est composé, pour se familiariser avec les principes légaux relatifs à leur position civile.

Cette observation a porté l'éditeur du présent ouvrage à recueillir ces différentes dispositions éparses dans les codes, pour en former un manuel abrégé, utile et presqu'indispensable aux ministres des trois confessions chrétiennes dont le culte est autorisé dans l'Empire.

Il aurait desiré pouvoir y ajouter les éclaircissemens nécessaires à leur application; la crainte de se tromper lui-même et d'induire les autres en erreur l'a retenu; il n'a voulu offrir d'ailleurs qu'un manuel abrégé, peu couteux, et non un commentaire complet. Au lieu de ces observations partielles, il a préféré d'ajouter au texte de la loi, autant que sa nature a paru l'exiger, les motifs qui l'ont dictée, et qui développés dans les discours éloquens des orateurs du Tribunat et du Conseil d'État, forment le commentaire le moins équivoque de son véritable sens.

Outre ces dispositions contenues dans lesdits codes, il s'en trouve encore d'autres fort intéressantes dans les différentes lois, décrets impériaux, instructions ministérielles et arrêtés des administrations supérieures, dont la connaissance n'est pas moins indispensable aux ministres du culte. On a recueilli ces actes avec soin, et on a ajouté ceux qui paraissent répandre le plus de lumières, afin de rendre ce recueil aussi utile que possible.

Ce travail a dû porter l'attention de l'éditeur sur l'administration des fabriques, à laquelle les ministres du culte doivent concourir; mais les lois et décrets relatifs au mode de cette administration ayant trop d'étendue, il a cru devoir se borner à n'en insérer que les passages qui ont un rapport direct avec les dispositions des codes. Il se reserve de publier plus tard un recueil complet des lois et règlemens concernant les fabriques et leur administration, si le présent essai est accueilli favorablement, et si le besoin d'un tel recueil venait à être senti autant que celui du présent ouvrage.

La langue allemande enfin étant celle d'un nombre considérable d'habitans de l'Empire, surtout des départemens limitrophes de l'Allemagne, on a cru devoir publier à la fois deux éditions différentes de ce recueil, l'une française, et l'autre française-allemande. Cette dernière réunit l'avantage d'expliquer les termes du barreau à ceux qui ne sont que faiblement versés dans la langue française, dans laquelle cependant leur état les oblige de rediger les actes, les rapports et la correspondance avec les autorités supérieures.

SOMMAIRE.

CODE NAPOLÉON.

CODE PÉNAL.

SUPPLÉMENT.

CODE NAPOLÉON.

Liv. I, Titre II, Chapitre IV.

Des Actes de Décès.

Article 77. Aucune inhumation ne sera faite sans une autorisation, sur papier libre et sans frais, de l'officier de l'état civil, qui ne pourra la délivrer qu'après s'être transporté auprès de la personne décédée pour s'assûrer du décès, et que vingt-quatre heures après le décès ; hors les cas prévûs par les règlemens de police.

Motif.

L'exception : „ *hors les cas prévus par les règlemens de police* " a été réclamée par plusieurs tribunaux. Il y a en effet des circonstances où le délai de vingt-quatre heures pourrait devenir funeste ; il est d'une bonne police d'y pourvoir.

Observations.

1.° *Voyés l'Art. 358 du Code pénal inséré plus bas.*

2.° *Extrait du décret impérial sur les sépultures; du 23 Prairial An XII.* (12 *Juin* 1804.)

Art. 1. Aucune inhumation n'aura lieu dans les églises, temples, synagogues, hopitaux, chapelles publiques, et généralement dans aucun des édifices clos et fermés où les citoyens se réunissent pour la célébration de leurs cultes, ni dans l'enceinte des villes et bourgs.

Art. 15. Dans les communes où l'on professe plusieurs cultes, chaque culte doit avoir un lieu d'inhumation particulier; et dans les cas où il n'y aurait qu'un seul cimetière, on le partagera par des murs, haies ou fossés en autant de parties qu'il y a de cultes différens, avec une entrée particulière pour chacune, et en proportionnant cet espace au nombre d'habitans de chaque culte.

Art. 16. Les lieux de sépulture, soit qu'ils appartiennent aux communes, soit qu'ils appartiennent aux particuliers, seront soumis à l'autorité, police et surveillance des administrations municipales.

Art. 17. Les autorités locales sont spécialement chargées . . . d'empêcher qu'il ne se commette dans les lieux de sépulture aucun désordre, ou qu'on ne s'y permette aucun acte contraire au respect dû à la mémoire des morts.

Art. 18. Les cérémonies précédemment usitées pour les convois, suivant les différens cultes, seront rétablies, et il sera libre aux familles d'en régler la dépense selon leurs moyens et facultés ; mais hors de l'enceinte des églises et des lieux de sépulture les cérémonies religieuses ne seront permises, que dans les communes où l'on ne professe qu'un seul culte, conformément à l'art. 45 de la loi du 18 Germinal An X.

Art. 19. Lorsque le ministre d'un culte, sous quelque prétexte que ce soit, se permettra de refuser son ministère pour l'inhumation d'un corps, l'autorité civile, soit d'office, soit sur la réquisition de la famille, commettra un autre ministre du même culte pour remplir ces fonctions ; dans tous les cas, l'autorité civile est chargée de faire porter, présenter, déposer et inhumer les corps.

Art. 20. Les frais et rétributions à payer aux ministres des cultes et autres individus attachés aux églises et temples, tant pour leur assistance aux convois, que pour les services requis par les familles, seront réglés par le Gouvernement, sur l'avis des évêques, des consistoires et des préfets, et sur la proposition du conseiller d'État chargé des affaires concernant les cultes. Il ne sera rien alloué pour leur assistance à l'inhumation des individus inscrits aux rôles des indigens.

Art. 22. Les fabriques des églises et les consistoires jouiront seuls du droit de fournir les voitures, tentures, ornemens, et de faire généralement toutes les fournitures quelconques nécessaires pour les enterremens, et pour la décence ou la pompe des funérailles.

Les fabriques et consistoires pourront faire exercer ou affermer ce droit, d'après l'approbation des autorités civiles, sous la surveillance desquelles ils sont placés.

Art. 23. L'emploi des sommes provenant de l'exercice ou de l'affermage de ce droit sera consacré à l'entretien des églises, des lieux d'inhumation, et au payement des desservans; cet emploi sera réglé et reparti sur la proposition du conseiller d'État chargé des affaires concernant les cultes, et d'après l'avis des évêques et des préfets.

Art. 24. Il est expressément défendu à toutes autres personnes, quelles que soient leurs fonctions, d'exercer le droit susmentionné, sous telle peine qu'il appartiendra, sans préjudice des droits résultans des marchés existans et qui ont été passés entre quelques entrepreneurs et les préfets ou autres autorités civiles, relativement aux convois ou pompes funèbres.

Art. 25. Les frais à payer par les successions des personnes décédées pour les billets d'enterrement, le prix des tentures, les bières et le transport des corps seront fixés par un tarif proposé par les administrations municipales et arrêté par les préfets.

Art. 26. Dans les villages et autres lieux où le droit précité ne pourra être exercé par les fabriques, les autorités locales y pourvoiront, sauf l'approbation des préfets.

3.) *Extrait du Décret impérial relatif aux autorisations des officiers de l'état civil pour les inhumations; du 4 Thermidor XIII.* (23 *Juillet* 1805.)

Art. 1. Il est défendu . . . à toutes fabriques d'église et consistoires, ou autres ayant droit de faire les fournitures requises pour les funérailles, de livrer lesdites fournitures; à tous curés, desservans et pasteurs, d'aller lever aucuns corps, ou de les accompagner hors des églises et temples, qu'il ne leur apparaisse de l'autorisation donnée par l'officier de l'état civil pour l'inhumation, à peine d'être poursuivis comme contrevenant aux lois.

4.° *Extrait du décret impérial du 30 Déc. 1809 concernant les fabriques :*

Art. 36. Les revenus de chaque fabrique se forment :

4.° Du produit spontané des terrains servant de cimetières ;

10.° Des droits que, suivant les règlemens épiscopaux approuvés par Nous, les fabriques perçoivent, et de celui qui leur revient sur le produit des frais d'inhumation.

Art. 73. Nul cénotaphe, nulles inscriptions, nuls monumens funèbres ou autres, de quelque genre que ce soit, ne pourront être placés dans les églises que sur la proposition de l'évêque diocésain et la permission de notre ministre des cultes.

Liv. I, Tit. VII, Chap. III.

Des enfans naturels.

Art. 340. La recherche de la paternité est interdite.

Observation.

La prudence conseillera sans doute aux ministres de culte de se conformer aux actes dressés par l'officier de l'état civil pour l'inscription des noms et des faits dans leurs registres de baptême, de mariage et de sépulture, surtout dans des cas extraordinaires et difficiles.

Liv. I, Tit. X, Chap. II.

Des causes qui dispensent de la tutèle.

Art. 427. Sont dispensés de la tutèle:

Tous citoyens exerçant une fonction publique dans un département autre que celui où la tutèle s'établit.

Art. 430. Les citoyens de la qualité exprimée aux articles précédens qui ont accepté la tutèle postérieurement aux fonctions, services ou missions qui en dispensent, ne seront plus admis à s'en faire décharger pour cette cause.

Art. 431. Ceux, au contraire, à qui lesdites fonctions, services ou missions ont été conférés postérieurement à l'acceptation et gestion d'une tutèle, pourront, s'ils ne veulent la conserver, faire convoquer dans le mois un conseil de famille, pour y être procédé à leur remplacement.

Si, à l'expiration de ces fonctions, services ou missions, le nouveau tuteur réclame sa décharge, ou que l'ancien redemande la tutèle, elle pourra lui être rendue par le conseil de famille.

OBSERVATION.

Par une délibération du Conseil d'État du 4 Novembre 1806, approuvée par Sa Majesté au quartier impérial de Berlin le 20 du même mois, l'article 427 est applicable non seulement aux ecclésiastiques desservant des cures ou des succursales, mais à toutes personnes exerçant pour les cultes des fonctions qui exigent résidence, dans lesquelles elles sont agréées par Sa Majesté, et pour lesquelles elles prêtent serment.

LIV. III, TIT. II, CHAP. II.

De la capacité de disposer ou de recevoir par donation entre-vifs ou par testament.

ART. 909. Les docteurs en médecine ou en chirurgie, les officiers de santé et les pharmaciens, qui auront traité une personne pendant la maladie dont elle meurt, ne pourront profiter des dispositions entre-vifs ou testamentaires qu'elle auroit faites en leur faveur pendant le cours de cette maladie.

Sont exceptées :

1.° Les dispositions rémunératoires faites à titre particulier, eu égard aux facultés du disposant et aux services rendus ;

2.° Les dispositions universelles dans le cas de parenté jusqu'au quatrième dégré inclusivement, pourvû toutefois que le décédé n'ait pas d'héritiers en ligne directe ; à moins que celui au profit de qui la disposition a été faite, ne soit lui-même du nombre de ces héritiers.

Les mêmes règles seront observées à l'égard du ministre du culte.

MOTIFS.

La loi regarde comme ayant trop d'empire sur l'esprit de celui qui dispose, et qui est atteint de la maladie dont il meurt, les médecins, les chirurgiens, les officiers de santé ou les pharmaciens qui le traitent. On n'a cependant point voulu, que le malade fût privé de la satisfaction de leur donner quelques témoignages de reconnaissance, eu égard à sa fortune et aux services qui lui auraient été rendus.

Il eut aussi été injuste d'interdire les dispositions, celles mêmes qui seraient universelles, faites dans ce cas par un malade au profit de ceux qui le traiteraient et qui seraient ses parens. S'il y avait des héritiers en ligne directe, du nombre desquels ils ne seraient pas, la présomption qui est la cause de leur incapacité reprendrait toute sa force.

L'incapacité de recevoir par donation entre-vifs ou par testament à raison de la profession, avait été autrefois la matière de grands litiges et l'objet de plusieurs règlemens.

Tous les inconvéniens ne pourraient être prévenus.

Ce que le législateur peut faire dans un point aussi délicat, c'est de surveiller d'une manière particulière les dispositions qui seraient faites par un individu malade de la maladie dont il meurt, en faveur des personnes qui étaient présumées avoir le plus d'empire sur son esprit. Voilà pourquoi la loi admet des restrictions et des tempéramens à l'égard de ceux qui pendant le cours de la maladie auraient administré au malade les secours de l'art, ou les consolations de la religion.

Il en coûte sans doute d'établir une règle générale qui porte sur des professions, que nous sommes accoutumés à voir exercées par des hommes si désintéressés et généreux ; mais ceux-là ne se plaindront pas des précautions de la loi, qui ne peut distinguer entre les individus.

Mineur ou majeur, le malade ne pourra, sauf les cas de parenté, faire que des legs rémunératoires aux docteurs en médecine ou en chirurgie, officiers de santé ou pharmaciens, qui l'ont traité ; et au ministre du culte qui l'a assisté dans sa dernière maladie.

Art. 910. Les dispositions entre-vifs ou par testament, au profit des hospices, des pauvres d'une commune, ou d'établissemens d'utilité publique, n'auront leur effet qu'autant qu'elles seront autorisées par un décret impérial.

Art. 937. Les donations faites au profit d'hospices, des pauvres d'une commune, ou d'établissemens d'utilité publique, seront acceptées par les administrateurs de ces communes ou établissemens, après y avoir été dûment autorisés.

Art. 938. La donation, dûment acceptée, sera parfaite par le seul consentement des parties; et la propriété des objets donnés sera transférée au donataire, sans qu'il soit besoin d'autre tradition.

Motifs.

On ne met pas au nombre des incapables à recevoir par donation entre-vifs ou par testament, les hospices, les pauvres d'une commune et les établissemens d'utilité publique; il est, au contraire, à désirer que l'esprit de bienfaisance qui caractérise les français, répare les pertes que ces établissemens ont faites pendant la révolution. Mais il faut que le Gouvernement les autorise. Ces dispositions sont sujettes à des règles dont il doit maintenir l'exécution. Il doit connaître la nature et la quantité des biens qu'il met ainsi hors du commerce; il doit même empêcher qu'il n'y ait point dans ces dispositions un excès condamnable.

L'intérêt de la société, celui des familles, exigeaient cette limitation, qui au reste sera encore plus sage que le fameux édit de

1749, où on ne trouvait des dispositions restrictives que sur les immeubles.

Observations.

1.° Les dispositions de ces articles s'étendent aussi aux fondations qui ont pour objet l'entretien des ministres et l'exercice du culte.

Voyés l'Art. 73 de la loi organique du culte catholique, qui porte :

Les fondations qui ont pour objet l'entretien des ministres et l'exercice du culte, ne pourront consister qu'en rentes constituées sur l'État. Elles seront acceptées par l'évêque diocésain, et ne pourront être exécutées qu'avec l'autorisation du Gouvernement.

Et l'Art. 8 de la loi organique des cultes protestans, qui dit :

Les dispositions portées par les articles organiques du culte catholique sur la liberté des fondations et sur la nature des biens qui peuvent en être l'objet, seront communes aux églises protestantes.

2.° Suivant un arrêté du Gouvernement du 4 Pluviôse An XII (25 Janvier 1804), le Sous-préfet peut autoriser l'acceptation d'une donation qui ne surpasse pas la valeur d'un capital de 300 francs ; et par un décret impérial du 12 Août 1807 cette disposition est aussi applicable aux fabriques et aux établissemens d'instruction publique.

3.° Le décret impérial du 30 Déc. 1809, concernant les fabriques, porte :

Art. 58. Tout notaire devant lequel il aura été passé un acte contenant donation entre-vifs ou disposition testamentaire au profit d'une fabrique, sera tenu d'en donner avis au curé ou desservant.

Art. 59. Tout acte contenant des dons ou legs à une fabrique sera remis au trésorier, qui en fera son rapport à la prochaine séance du bureau. Cet acte sera ensuite adressé par le trésorier, avec les observations du bureau, à l'archevêque ou évêque diocésain, pour que celui-ci donne sa délibération s'il convient ou non d'accepter.

Le tout sera envoyé au ministre des cultes, sur le rapport duquel la fabrique sera, s'il y a lieu, autorisée d'accepter. L'acte d'acceptation, dans lequel il sera fait mention de l'autorisation, sera signé par le trésorier au nom de la fabrique.

LIV. III, TIT. XVIII, CHAP. III.

Des Hypothèques.

ART. 2121. Les droits et créances auxquels l'hypothèque légale est attribuée, sont :

Ceux des ... établissemens publics sur les biens des receveurs et administrateurs comptables.

LIV. III, TIT. XX, CHAP. V.

Du tems requis pour prescrire.

ART. 2277. Les arrérages de rentes perpétuelles ou viagères ;

Les loyers des maisons, et le prix de ferme des biens ruraux ;

Les intérêts des sommes prêtées, et généralement tout ce qui est payable par année, ou à des termes périodiques plus courts ;

Se prescrivent par cinq ans.

CODE PÉNAL.

LIV. III, TITRE I, CHAP. I.

Des crimes contre la sûreté intérieure de l'État.

ART. 86. L'attentat ou complot contre la vie ou contre la personne de l'Empereur est crime de lèze-majesté; ce crime est puni comme parricide, et emporte de plus la confiscation des biens.

OBSERVATION.

L'Art. 13 du même Code est ainsi conçu :

Le parricide sera conduit sur le lieu de l'exécution en chemise, nus pieds, et la tête couverte d'un voile noir. Il sera exposé sur l'échafaud pendant qu'un huissier fera au peuple lecture de l'arrêt de condamnation ; il aura ensuite le poing droit coupé et sera immédiatement exécuté à mort.

Art. 87. L'attentat ou le complot contre la vie ou la personne des membres de la famille impériale ;

L'attentat ou le complot dont le but sera :

Soit de détruire ou de changer le Gouvernement ou l'ordre de successibilité au trône ;

Soit d'exciter les citoyens ou habitans à s'armer contre l'autorité impériale ;

Seront punis de la peine de mort et de la confiscation des biens.

Art. 88. Il y a attentat dès qu'un acte est commis ou commencé pour parvenir à l'exécution de ces crimes, quoiqu'ils n'aient pas été consommés.

Art. 89. Il y a complot dès que la résolution d'agir est concertée et arrêtée entre deux conspirateurs, ou un plus grand nombre, quoiqu'il n'y ait pas eû d'attentat.

Art. 90. S'il n'y a pas eû de complot arrêté, mais une proposition faite

et non-agréée d'en former un, pour arriver au crime mentionné dans l'article 86, celui qui aura fait une telle proposition, sera puni de la réclusion.

L'auteur de toute proposition non agréée tendante à l'un des crimes énoncés dans l'art. 87, sera puni du bannissement.

Art. 91. L'attentat ou le complot dont le but sera, soit d'exciter la guerre civile en armant ou en portant les citoyens ou habitans à s'armer les uns contre les autres; soit de porter la dévastation, le massacre et le pillage dans une ou plusieurs communes; seront punis de la peine de mort et les biens des coupables seront confisqués.

Motifs.

Au premier rang des crimes dirigés contre la sûreté intérieure de l'État est celui de lèze-majesté.

Ce crime est reduit à des termes simples; celui-là seul en est coupable, qui a eû part à un *attentat ou complot dirigé contre la personne ou la vie de l'Empereur.* Et comme ce crime ainsi qualifié est le plus énorme de tous, il sera puni de la peine réservée au parricide, c'est-à-dire, de la seule qui soumette le coupable à quelques mutilations avant qu'il reçoive la peine de mort.

Si l'attentat ou le complot est dirigé non contre la personne ou la vie du prince, mais contre l'autorité impériale ou contre les membres de la famille regnante; un tel crime, quelle que soit sa gravité, ne sera point assimilé au parricide, mais il n'entraînera pas moins la peine capitale, bien dûe, sans doute à un forfait qui répand une si grande alarme dans la société.

Au reste, dans cette matière le crime commence et existe déjà dans la seule résolution d'agir. Le suprême intérêt de l'État ne permet pas d'attendre et de ne considérer comme criminels que ceux qui ont déjà agi.

Art. 102. Seront punis comme coupables des crimes et complots mentionnés dans la présente section (v. l'art. 91 et suiv.) tous ceux qui, soit par discours tenus dans des lieux ou réunions publics, soit par placards affichés, soit par des écrits imprimés, auront excité directement les citoyens ou habitans à les commettre.

Néanmoins dans le cas où les dites provocations n'auraient été suivies d'aucun effet, leurs auteurs seront simplement punis du bannissement.

Motifs.

Quelque grave que soit la peine que la loi destine aux provocateurs, puisqu'elle les considère comme complices lorsque la provocation a été suivie d'effet ; ce n'est point sans doute ce qui peut alarmer, si d'ailleurs la provocation est bien caractérisée : or elle ne pourra résulter que de discours tenus en lieux ou réunions publics, ou d'écrits placardés ou imprimés.

A ces premiers caractères il faut en ajouter un autre : la provocation devra être *directe*.

Ainsi quelques vœux insensés, ou quelques rêves criminels, couchés sur un papier manuscrit et non colporté, ne constitueront pas la provocation que la loi assimile au crime même ; et s'ils sont découverts et de nature à appeler la surveillance de l'autorité publique, ce sera sans excéder les bornes posées par une sage prévoyance.

De la révélation et de la non-révélation des crimes qui compromettent la sûreté intérieure ou extérieure de l'État.

Art. 103. Toutes personnes qui ayant eû connaissance de complots formés ou de crimes projetés contre la sûreté intérieure ou extérieure de l'État, n'auront pas fait la déclaration de ces complots ou crimes, et n'auront pas révélé au Gouvernement, ou aux autorités administratives ou de police judiciaire, les circonstances qui en seront venues à leur connaissance, le tout dans les vingt-quatre heures qui auront suivi ladite connaissance; seront, lors même qu'elles seraient reconnues exemptes de toute complicité, punies pour le seul fait de non-révélation de la manière et selon les distinctions qui suivent.

Art. 104. S'il s'agit du crime de lèze majesté, tout individu qui, au cas de l'article précédent, n'aura point fait les déclarations qui y sont prescrites, sera puni de la réclusion.

Art. 105. A l'égard des autres crimes ou complots mentionnés au présent chapitre, toute personne qui, en étant instruite, n'aura pas fait les déclarations prescrites par l'art. 103, sera punie d'un emprisonnement de deux à cinq ans, et d'une amende de cinq-cens à deux-mille francs.

Art. 106. Celui qui aura eû connaissance desdits crimes ou complots non-révélés, ne sera point admis à excuse sur le fondement qu'il ne les aurait point approuvés, ou même qu'il s'y serait opposé et aurait cherché à en dissuader leurs auteurs.

Art. 107. Néanmoins si l'auteur du complot ou crime est époux, même divorcé, ascendant ou descendant, frère ou sœur, ou allié aux mêmes dégrés, de la personne prévenue de réticence, celle-ci ne sera point sujette aux peines portées par les articles précédens; mais elle pourra être mise par l'arrêt ou jugement sous la surveillance spéciale de la haute police, pendant un tems qui n'excédera point dix ans.

Art. 108. Seront exemptés des peines prononcées contre les auteurs de complots ou d'autres crimes attentatoires à la sûreté intérieure ou extérieure de l'État, ceux des coupables qui, avant toute exécution ou tentative de ces complots ou de ces crimes, et avant toutes les poursuites commencées, auront les premiers donné aux autorités mentionnées en l'art. 103 connaissance de ces complots ou crimes, et de leurs auteurs ou complices, ou qui, même depuis le commencement des poursuites, auront procuré l'arrestation desdits auteurs ou complices.

Les coupables qui auront donné ces connaissances ou procuré ces arrestations, pourront néanmoins être condamnés à rester, pour la vie ou à tems, sous la surveillance spéciale de la haute police.

Motifs.

En matière de complots ou crimes contre l'État . . infligera-t-on des peines à ceux, qui, instruits d'un complot, même non approuvé, ne l'auront pas révélé ?

Des hommes éclairés ont écrit qu'on ne pouvait obliger personne à devenir délateur, ni à s'exposer aux peines de la calomnie, en révélant des complots, dont il serait rarement en état de fournir la preuve.

Ne nous laissons point aveugler par le prestige des mots ; le délateur odieux est celui qui crée des complots imaginaires ; mais puisque notre législation invite partout les citoyens à faire connaître aux magistrats les délits et leurs auteurs ; comment ne pourrait-elle point le leur prescrire sous de certaines peines, relativement aux crimes qui attaquent la sûreté de l'État ? Si la patrie n'est pas un vain mot, ceci ne saurait être un vain devoir.

Mais si c'est un devoir, il faut le remplir, lors même qu'il en resulterait des embarras ou dangers personnels. La loi d'ailleurs protégera toujours le révélateur véridique.

Qu'y a-t-il donc dans cette matière de sage et utile? C'est qu'en introduisant une peine contre la non-révélation de crimes d'État, elle ne soit point effrayante par son énormité; par-là on servira mieux non-seulement l'autorité publique, mais encore l'humanité, que par un silence absolu sur cette espèce de délit; car que pourrait-il arriver, surtout sous un Gouvernement qui serait faible et soupçonneux? qu'au lieu de peines justes et modérées, il porterait dans son inquiétude des lois de colère, et irait peut-être jusqu'à frapper la non révélation de propos simplement indiscrets ou vagues, aussi bien que celle d'un complot réel.

Les peines qu'introduit le Code au sujet de la non-révélation sont d'un ordre différent, selon que le complot non-révélé regarde ou non la personne du chef de l'Empire.

Au cas de l'affirmative seulement il y aura lieu à une peine afflictive; la réticence relative aux autres crimes d'État ne sera punie que des peines de police correctionnelle.

Au surplus la loi a respecté les liens de la nature, en n'imposant pas aux proches parens l'obligation qu'elle a tracée pour les autres citoyens. L'intérêt qu'a l'Etat de connaître et de prévenir les complots dirigés contre lui, ne le portera jamais à exiger d'un père qu'il lui livre son fils, ou d'un frère qu'il lui livre sa sœur.

Observations.

1.° *L'article 6 du Concordat prescrit le serment suivant aux évêques de l'église catholique avant d'entrer en fonctions :*

„ Je promets aussi de n'avoir aucune in-
„ telligence, de n'assister à aucun conseil,
„ de n'entretenir aucune ligue, soit au de-
„ dans, soit au dehors, qui soit contraire
„ à la tranquillité publique ; et si dans mon
„ diocèse ou ailleurs j'apprends qu'il se
„ trâme quelque chose au préjudice de l'E-
„ tat, je le ferai savoir au Gouvernement."

L'article 7 dudit Concordat, porte : Les ecclésiastiques du second ordre prêteront le même serment entre les mains des autorités civiles désignées par le Gouvernement.

2.° *L'article 27 de la loi organique du culte catholique est conçu en ces termes :* Les curés ne pourront entrer en fonctions qu'après avoir prêté, entre les mains du préfet, le serment prescrit par la convention passée entre le Gouvernement et le Saint-Siége. Il sera dressé procès-verbal de cette prestation par le secrétaire-général de la préfecture, et copie collationnée leur en sera délivrée.

3.° *Voyés enfin l'art. 26 de la loi organique des cultes protestans, qui dit :* L'approbation donnée par le premier Consul au pasteur nouvellement élu, il ne pourra exercer ses fonctions qu'après avoir prêté, entre les mains du préfet, le serment exigé des ministres du culte catholique.

4.° Par arrêté du 17 Juillet 1807, Mr. le conseiller d'État, préfet du département du Bas-Rhin, a décidé que les pasteurs qui ont prêté le serment en entrant en fonctions, ne le prêteront plus aux mutations des cures.

Liv. III, Tit. I, Chap. III.

Des soustractions commises par les dépositaires publics.

Art. 173. Tout juge, administrateur, fonctionnaire ou officier public, qui aura détruit, supprimé, soustrait ou détourné les actes et titres dont il était dépositaire en cette qualité, ou qui lui auront été remis ou communiqués à raison de ses fonctions, sera puni des travaux forcés à tems.

De l'exercice de l'autorité publique illégalement anticipé ou prolongé.

Art. 196. Tout fonctionnaire public qui sera entré en exercice de ses fonctions sans avoir prêté le serment, pourra être poursuivi, et sera puni d'une amende de seize francs à cent-cinquante francs.

Art. 197. Tout fonctionnaire public révoqué, déstitué, suspendu ou interdit légalement, qui, après en avoir eû la connaissance officielle, aura continué l'exercice de ses fonctions, ou qui, étant électif ou temporaire, les aura exercées après avoir été remplacé, sera puni d'un emprisonnement de six mois au moins et de deux ans au plus, et d'une amende de cent francs à cinq cents francs. Il sera interdit de toute fonction publique pour cinq ans au moins, et dix ans au plus, à compter du jour où il aura subi sa peine.

Motifs.

C'est pour régulariser l'exercice même de l'autorité publique que l'on réprimera, par des peines de police correctionnelle, toutes personnes qui seraient entrées en fonctions sans avoir prêté le serment requis, ou qui s'y seraient maintenues après révocation ou remplacement.

Ces deux délits cependant ne seront pas confondus ; le dernier est le plus grave, et n'est jamais susceptible d'excuse. Le premier peut être excusé par l'absence des fonctionnaires entre les mains desquels le serment devait être prêté, et par le besoin de pourvoir au service. Les poursuites dans ce cas dépendront donc des circonstances, et il serait imprudent de poser à cet égard une règle inflexible.

Observations.

1.° *Extrait de la loi organique du culte catholique.*

Art. 19. Les évêques nommeront et institueront les curés, néanmoins ils ne manifesteront leur nomination et ils ne donneront l'institution canonique, qu'après que cette nomination aura été agréée par le premier Consul.

Art. 28. Les curés seront mis en possession par le curé ou le prêtre que l'évêque désignera.

Art. 31. Les vicaires et desservants seront approuvés par l'évêque et révocables par lui.

Art. 63. Les prêtres desservant les succursales sont nommés par les évêques.

2.° *Extrait de la loi organique des cultes protestants.*

Art. 25. Les pasteurs ne pourront être destitués qu'à la charge de présenter les motifs de la destitution au Gouvernement, qui les approuvera ou les rejettera.

Art. 26. En cas de décès ou de démission volontaire, ou de destitution confirmée d'un pasteur, le consistoire choisira à la pluralité des voix pour le remplacer. Le titre d'élection sera présenté au premier Consul par le conseiller d'Etat chargé de toutes les affaires concernant les cultes, pour avoir son approbation.

Liv. III, Tit. I, Chap. III, Sect. III.

Des troubles apportés à l'ordre public par les ministres des cultes dans l'exercice de leur ministère.

---

§. I. *Des contraventions propres à compromettre l'état civil des personnes.*

Art. 199. Tout ministre d'un culte qui procédera aux cérémonies religieuses d'un mariage, sans qu'il lui ait été justifié d'un acte de mariage préalablement reçu par les officiers de l'état civil, sera pour la première fois puni d'une amende de seize francs à cent francs.

Art. 200. En cas de nouvelles contraventions de l'espèce exprimée en l'article précédent, le ministre du culte qui les aura commises sera puni, savoir :

Pour la première recidive, d'un emprisonnement de deux à cinq ans ;

Et pour la seconde, de la déportation.

Motifs.

La loi s'occupe, dans une section particulière, des troubles qui seraient apportés à l'ordre public par les ministres du culte dans l'exercice de leur ministère.

Cette matière est grave ; et autant la société doit de reconnaissance et d'égards à ces pasteurs vénérables dont les discours et l'exemple sont un constant hommage à la religion, aux mœurs et aux lois ; autant elle doit s'armer contre ces hommes fanatiques ou séditieux qui au nom du ciel voudraient troubler la terre, et n'invoqueraient la puissance spirituelle que pour avilir ou entraver l'autorité des lois et du Gouvernement.

Les crimes et délits des ministres du culte dans l'exercice de leur ministère sont divisés en plusieurs classes.

Les ministres qui procèdent aux cérémonies religieuses d'un mariage, sans qu'il leur ait été justifié de l'acte de mariage reçu par les officiers de l'état civil, compromettent évidemment l'état civil des gens simples, d'autant plus disposés à confondre la bénédiction nuptiale avec l'acte constitutif du mariage, que le droit d'imprimer au mariage le sceau de la loi était naguères dans les mains de ces ministres.

Il importe sans doute qu'une si funeste méprise ne se perpétue point ; et ce motif est assez puissant pour punir d'une amende les ministres du culte qui procèdent aux cérémonies religieuses d'un mariage, sans justification préalable de l'acte qui le constitue réellement.

Cette peine, légère d'abord, s'aggravera en cas de récidive, et entraînera à la seconde récidive, ou en d'autres termes, à la troisième infraction, la peine de déportation ; parce que celui qui a failli trois fois, se place évidemment dans un état de désobéissance permanente et de révolte contre la loi.

Observations.

1.° Suivant l'art. 17 du Code pénal, la peine de la déportation consistera à être transporté, et à demeurer à perpétuité dans un lieu déterminé par le Gouvernement hors du territoire continental de l'Empire.

Si le déporté rentre sur le territoire de l'Empire, il sera, sur la seule preuve de son identité, condamné aux travaux forcés à perpétuité.

Le déporté qui ne sera pas rentré sur le territoire de l'Empire, mais qui sera saisi dans des pays occupés par les armées françaises, sera reconduit dans le lieu de sa déportation.

2.° *Voyés l'art. 54 de la loi organique du culte catholique, qui dit :* Les curés ne donneront la bénédiction nuptiale qu'à ceux qui justifieront, en bonne et dûe forme, avoir contracté mariage devant l'officier civil.

3.° Le Gouvernement a réglé la formule qui suit, pour les publications des bans qui seront faites par les ministres du culte catholique :

„ Vous êtes avertis que tel et telle nous demandent la bénédiction nuptiale ; si vous étiez instruit de quelque empêchement *canonique*, vous êtes invités à nous en donner connaissance. Vous êtes également avertis que les parties se sont pourvues par devant l'officier civil pour remplir les formes voulues par la loi et nécessaires à la validité de leur union ; et que nous ne leur conférerons le sacrement qu'après qu'ils auront satisfait à l'art. 54 de la loi du 18 Germ. An X."

Les maires doivent veiller à ce que les ministres qui desservent leurs communes se conforment exactement à cette formule. S'ils l'altéraient le moindrement, les maires devraient faire connaître aux préfets les changemens que ces ministres y auraient faits.

Code administratif par FLEURIGEON, *chef de bureau du ministère de l'intérieur, Tome II, p.* 181.

---

§. II. *Des critiques, censures ou provocations dirigées contre l'autorité publique dans un discours pastoral prononcé publiquement.*

ART. 201. Les ministres des cultes qui prononceront, dans l'exercice de leur ministère et en assemblée publique, un discours contenant la critique ou censure du Gouvernement, d'une loi, d'un décret impérial ou de tout autre acte de l'autorité publique, seront punis d'un emprisonnement de trois mois à deux ans.

Art. 202. Si le discours contient une provocation directe à la désobéissance aux lois ou autres actes de l'autorité publique, ou s'il tend à soulever ou armer une partie des citoyens contre les autres; le ministre du culte qui l'aura prononcé sera puni d'un emprisonnement de deux à cinq ans, si la provocation n'a été suivi d'aucun effet; et du bannissement, si elle a donné lieu à désobéissance, autre toutefois que celle qui aurait dégénéré en sédition ou révolte.

Art. 203. Lorsque la provocation aura été suivie d'une sédition ou révolte dont la nature donnera lieu, contre l'un ou plusieurs des coupables, à une peine plus forte que celle du bannissement, cette peine, quelle qu'elle soit, sera appliquée au ministre coupable de la provocation.

---

§. III. *Des critiques, censures ou provocations dirigées contre l'autorité publique dans un écrit pastoral.*

Art. 204. Tout écrit contenant des instructions pastorales, en quelque forme que ce soit, et dans lequel un ministre de culte se sera ingéré de critiquer ou censurer soit le Gouvernement, soit tout autre acte de l'autorité publique, emportera la peine du bannissement contre le ministre qui l'aura publié.

Art. 205. Si l'écrit mentionné en l'article précédent contient une provocation directe à la désobéissance aux lois ou autres actes de l'autorité publique, ou s'il tend à soulever ou armer une partie des citoyens contre les autres, le ministre qui l'aura publié sera puni de la déportation.

Art. 206. Lorsque la provocation contenue dans l'écrit pastoral aura été suivie d'une sédition ou révolte dont la nature donnera lieu, contre l'un ou plusieurs des coupables, à une peine plus forte que celle de la déportation; cette peine, quelle qu'elle soit, sera appliquée au ministre coupable de la provocation.

Motifs.

Les critiques, censures ou provocations dirigées par les ministres contre l'autorité publique, sont d'une importance qui ne permettait point le silence, et appelait des mesures répressives.

L'on a distingué la critique ou censure simple d'avec la provocation directe à la désobéissance; dans ce dernier cas la culpabilité plus forte entraine une plus grande peine.

L'on a distingué aussi les censures et provocations faites dans un discours public d'avec celles consignées dans un écrit pastoral; et ces dernières sont punies davantage, comme étant le produit plus réfléchi de vues perverses, et comme susceptibles d'une circulation plus dangereuse.

Observation.

L'article 52 de la loi organique du culte catholique, porte : Les curés ne se permettront dans leurs instructions aucune inculpation ni directe ni indirecte, soit contre les personnes, soit contre les autres cultes autorisés dans l'État.

---

§. IV. *De la correspondance des ministres des cultes avec des cours ou puissances étrangères sur des matières de religion.*

Art. 207. Tout ministre d'un culte qui aura sur des questions ou matières religieuses entretenu une correspondance avec une cour ou puissance étrangère, sans en avoir préalablement informé le ministre de l'Empereur chargé de la surveillance des cultes, et sans avoir obtenu son autorisation, sera, pour ce seul fait, puni d'une amende de cent francs à cinq cents francs, et d'un emprisonnement d'un mois à deux ans.

Art. 208. Si la correspondance mentionnée en l'article précédent a été accompagnée ou suivie d'autres faits contraires aux dispositions formelles d'une loi ou d'un décret de l'Empereur, le coupable sera puni du bannissement, à moins que la peine résultant de la nature de ses faits ne soit plus forte; auquel cas cette peine plus forte sera seule appliquée.

Motifs.

Il ne s'agit pas de rompre par les dispositions de l'art. 207 les rapports légitimes d'aucun culte avec des chefs même étrangers; il n'est question que de les connaître; et ce droit du Gouvernement, fondé sur le besoin de maintenir la tranquillité publique, impose aux ministres des cultes des devoirs, que rempliront avec empressement tous ceux dont les cœurs sont purs et les vues honnêtes. Si cette obligation gêne les autres, son utilité n'en sera que mieux prouvée.

Observations.

1.° *Extrait de la loi organique du culte catholique.*

Art. 1. Aucune bulle, bref, rescrit, décret, mandat, provision, signature servant de provision, ni autres expéditions de la cour de Rome, même ne concernant que les particuliers, ne pourront être reçues, publiées, imprimées, ni autrement mises en exécution, sans l'autorisation du Gouvernement.

Art. 3. Les décrets de synodes étrangers, même ceux des conciles généraux, ne pourront être publiés en France avant que le Gouvernement en ait examiné la forme, leur conformité avec les lois, droits et franchises de la République française, et tout ce qui dans leur publication pourrait altérer ou intéresser la tranquillité publique.

2.° *Extrait de la loi organique des cultes protestans.*

Art. 2. Les églises protestantes, ni leurs ministres, ne pourront avoir des relations avec aucune puissance ni autorité étrangère.

Art. 4. Aucune décision doctrinale ou dogmatique, aucun formulaire, sous le titre de *confession*, ou sous tout autre titre, ne pourront être publiés, ou devenir matière de l'enseignement, avant que le Gouvernement en ait autorisé la publication.

---

§. VIII. *Entraves au libre exercice des cultes.*

Art. 260. Tout particulier qui par des voies de fait ou menaces aura contraint ou empêché une ou plusieurs personnes d'exercer l'un des cultes autorisés, d'assister à l'exercice de ce culte, de célébrer certaines fêtes, d'observer certains jours de repos, et en conséquence d'ouvrir ou de fermer léurs ateliers, boutiques ou magasins, et de faire ou quitter certains travaux, sera puni, pour ce seul fait, d'une amende de seize francs à deux cents francs, et d'un emprisonnement de six jours à deux mois.

Art. 261. Ceux qui auront empêché, retardé ou interrompu les exercices d'un culte par des troubles ou désordres causés dans le temple, ou autre lieu destiné ou servant actuellement à ces exercices, seront punis d'une amende de seize francs à trois cents francs, et d'un emprisonnement de six jours à trois mois.

Art. 262. Toute personne qui aura par paroles ou gestes outragé les objets d'un culte dans les lieux destinés ou servant actuellement à son exercice, ou les ministres de ce culte dans leurs fonctions, sera punie d'une amende de seize francs à cinq cents francs, et d'un emprisonnement de quinze jours à six mois.*

Art. 263. Quiconque aura frappé le ministre d'un culte dans ses fonctions, sera puni du carcan.

Art. 264. Les dispositions du présent paragraphe ne s'appliquent qu'aux troubles, outrages ou voies de fait, dont la nature ou les circonstances ne donneront pas lieu à de plus fortes peines d'après les autres dispositions du présent code.

Motifs.

Le libre exercice des cultes est l'une des propriétés les plus sacrées de l'homme en société, et les atteintes, qui y seraient portées, ne sauraient que troubler la paix publique.

Nulle religion, nulle secte n'a donc le droit de prescrire à une autre le travail ou le repos, l'observance ou l'inobservance d'une fête religieuse ; car nulle d'entre elles n'est dépositaire de l'autorité ; et tout acte qui tend à faire ouvrir ou fermer des ateliers, s'il n'émane du magistrat même, est une voie de fait punissable.

Les désordres causés dans l'intérieur d'un temple, ou dans des lieux actuellement servant aux exercices d'un culte, sont aussi un délit qu'il importe de réprimer. L'auteur du trouble est également coupable, soit qu'il appartienne au culte dont les cérémonies ont été troublées, soit qu'il lui soit étranger ; car respect est dû à tous les cultes qui existent sous la protection de la loi.

Le perturbateur sera donc puni, et la peine s'aggravera, si le trouble a dégénéré en outrages contre les objets du culte, et si ces outrages ont été commis „ dans des „ lieux destinés ou servant actuellement à „ l'exercice ou au service d'un culte. "

Mais ces expressions mêmes indiqueront la limite dans laquelle le législateur a cru devoir se renfermer. La juste protection dûe aux différens cultes pourrait perdre cet imposant caractère, si de prétendus outrages faits à des signes placés hors de l'enceinte consacrée pouvaient devenir l'objet de recherches juridiques. Nul ne voudra que le jet imprudent d'une pierre lancée au milieu des rues ou des champs puisse fournir matière à une accusation de sacrilége.

Renfermée dans ses vraies limites la loi n'en sera que plus respectée ; elle prononcera une peine sévère, et prise dans l'ordre des peines infamantes, contre quiconque oserait porter une main téméraire sur le ministre du culte en fonctions ; mais, à moins qu'il n'y ait des circonstances aggravantes, elle ne punira les autres troubles que de peines correctionnelles graduées suivant le scandale qui aura pu en résulter. Ce ne sont pas, surtout en matière de troubles de cette espèce, les peines les plus sévères qui seraient les plus efficaces.

Observations.

Extrait de la loi organique du culte catholique.

Art. 6. Il y aura recours au conseil d'État dans tous les cas d'abus de la part des supérieurs et autres personnes ecclésiastiques.

Les cas d'abus sont ... toute entreprise ou tout procédé qui dans l'exercice du culte peut compromettre l'honneur des citoyens, troubler arbitrairement leur conscience, dégénérer contre eux en oppression ou injure, ou en scandale public.

Art. 7. Il y aura pareillement recours au conseil d'État, s'il est porté atteinte à l'exercice public du culte, et à la liberté que les lois et les réglemens garantissent à ses ministres.

Art. 8. Le recours compétera à toute personne intéressée. A défaut de plainte particulière, il sera exercé d'office par les préfets.

Le fonctionnaire public, l'ecclésiastique ou la personne qui voudra exercer ce recours, adressera un mémoire détaillé et signé au conseiller d'État chargé de toutes les affaires concernant les cultes, lequel sera tenu de prendre dans le plus court délai tous les renseignemens convenables; et sur son rapport l'affaire sera suivie et définitivement terminée dans la forme administrative, ou renvoyée, selon l'exigence des cas, aux autorités compétentes.

Art. 45. Aucune cérémonie religieuse n'aura lieu hors des édifices consacrés au culte catholique, dans les villes où il y a des temples destinés à différens cultes.

NB. Par une interprétation de Mr. le ministre des cultes cette exception n'est applicable qu'aux villes consistoriales.

Liv. III, Tit. I, Chap. III, Sect. VII.

Des associations ou réunions illicites.

Art. 291. Nulle association de plus de vingt personnes dont le but sera de se réunir tous les jours ou à certains jours marqués, pour s'occuper d'objets religieux, littéraires, politiques ou autres, ne pourra se former qu'avec l'agrément du Gouvernement, et sous les conditions qu'il plaira à l'autorité publique d'imposer à la société.

Dans le nombre des personnes indiqué par le présent article ne sont pas comprises celles domiciliées dans la maison où l'association se réunit.

Art. 292. Toute association de la nature ci-dessus exprimée qui se sera formée sans autorisation, ou qui, après l'avoir obtenue, aura enfreint les conditions à elle imposées, sera dissoute.

Les chefs, directeurs, ou administrateurs de l'association seront en outre punis d'une amende de seize francs à deux cents francs.

Art. 293. Si par discours, exhortations, invocations ou prières, en quelque langue que ce soit, ou par lecture, affiche, publication ou distribution d'écrits quelconques, il a été fait dans ces assemblées quelque provocation à des crimes ou à des délits, la peine sera de cent francs à trois cents francs d'amende, et de trois mois à deux ans d'emprisonnement contre les chefs, directeurs et administrateurs de ces associations; sans préjudice des peines plus fortes qui seraient portées par la loi contre les individus personnellement coupables de la provocation, lesquels, en aucun cas, ne pourront être punis d'une peine moindre que celle infligée aux chefs, directeurs et administrateurs de l'association.

Art. 294. Tout individu qui, sans la permission de l'autorité municipale, aura accordé ou consenti l'usage de sa *maison* ou de son appartement, en tout ou en partie, pour la réunion des membres d'une association même autorisée, ou pour l'exercice d'un culte, sera puni d'une amende de seize francs à deux cents francs.

Motifs.

Le droit absolu et indéfini qu'aurait la multitude de se réunir pour traiter d'affaires politiques, religieuses ou autres de cette nature, serait incompatible avec notre état politique actuel.

Mais si le gouvernement monarchique doit être assez fort pour repousser ce qui pourrait lui nuire, il est aussi dans son essence de n'admettre aucune rigueur inutile. Il n'interviendra donc point, hors les cas qui l'intéresseraient spécialement, dans ces petites réunions que les rapports de famille, d'amitié ou de voisinage peuvent établir sur tous les points d'un si vaste empire; et lorsqu'il ne se passera dans ces petites réunions rien de contraire au bon ordre, l'autorité publique, qui ne saurait être tracassière, ne leur imposera aucune obligation spéciale, eussent-elles pour objet la lecture de journaux ou autres ouvrages.

Cette obligation spéciale de se faire connaître de l'autorité et d'obtenir son assentiment, commencera là seulement où le nombre des sociétaires serait tel, qu'il pût devenir un juste sujet de surveillance plus particulière.

C'est alors que de telles associations ne pourront exister qu'avec l'autorisation du Gouvernement, et sous les conditions qui leur seront imposées; c'est alors aussi qu'en cas d'infractions, ces associations pourront être dissoutes, et leurs chefs et directeurs condamnés à des amendes, et même à l'emprisonnement.

Observations.

1.° *Extrait de la loi organique du culte catholique.*

Art. 44. Les chapelles domestiques, les oratoires particuliers, ne pourront être établis sans une permission expresse du Gouvernement, accordée sur la demande de l'évêque.

2.° *Extrait de la loi organique des cultes protestans.*

Art. 22. Les assemblées ordinaires des consistoires continueront de se tenir aux jours marqués par l'usage. Les assemblées extraordinaires ne pourront avoir lieu sans la permission du sous-préfet, ou du maire en l'absence du sous-préfet.

3.° L'assemblée consistoriale pour renouveler tous les deux ans la moitié des anciens des consistoires locaux, conformément à l'art. 23 de la loi précitée, est déclarée extraordinaire par l'instruction de Mr. le président du consistoire général de la confession d'Augsbourg, séant à Strasbourg.

Liv. III, Titre II, Chap. I.

Attentats aux mœurs.

Art. 331. Quiconque aura commis le crime de viol, ou sera coupable de tout autre attentat contre la pudeur, consommé ou tenté avec violence contre des individus de l'un ou de l'autre sexe, sera puni de la réclusion.

Art. 332. Si le crime a été commis sur la personne d'un enfant au dessous de l'âge de quinze ans accomplis, le coupable subira la peine des travaux forcés à tems.

Art. 333. La peine sera celle des travaux forcés à perpétuité, si les coupables sont de la classe de ceux qui ont autorité sur la personne envers laquelle ils ont commis l'attentat; s'ils sont ses instituteurs ou ses serviteurs à gages; *ou s'ils sont fonctionnaires* publics, ou ministres d'un culte; ou si le coupable, quel qu'il soit, a été aidé dans son crime par une ou plusieurs personnes.

Infractions aux lois sur les inhumations.

Art. 358. Ceux qui sans l'autorisation préalable de l'officier public dans les cas où elle est prescrite, auront fait inhumer un individu décédé, seront punis de six jours à deux mois d'emprisonnement et d'une amende de seize francs à cinquante francs ; sans préjudice de la poursuite des crimes dont les auteurs de ce délit pourront être prévenus dans cette circonstance.

La même peine aura lieu contre ceux qui auront contrevenu, de quelque manière que ce soit, à la loi et aux règlemens relatifs aux inhumations précipitées.

Motifs.

Le Code Napoléon a fixé des règles pour constater les décès ; et la loi pénale prononce des peines contre ceux qui ne font point les déclarations nécessaires pour que les décès soient constatés. Il importe que les déclarations soient faites, non-seulement afin de connaître les changemens qui arrivent dans les familles, et de mettre les héritiers à portée de réclamer leurs droits ; mais encore afin de ne pas laisser échapper la trace des crimes qui auraient pu occasionner la mort d'une personne. Ceux à qui la loi impose le devoir de faire ces déclarations, ne doivent pas perdre de vue que dans le cas où il s'éléverait quelques présomptions de mort violente, leur négligence les exposerait à être poursuivis comme recéleurs du cadavre d'une personne homicidée.

OBSERVATION.

Voyés l'art. 77 du Code Napoléon, qui se trouve à la tête du présent ouvrage.

Révélation de secrets.

ART. 378. Les médecins, chirurgiens et autres officiers de santé, ainsi que les pharmaciens, les sages-femmes, et toutes autres personnes dépositaires, par état ou profession, des secrets qu'on leur confie, qui, hors les cas où la loi les oblige à se porter dénonciateurs, auront révélé ces secrets, seront punis d'un emprisonnement d'un mois à six mois, et d'une amende de cent francs à cinq cents francs.

MOTIFS.

A l'exception des révélations que la loi exige, parce qu'elles importent au salut public, tout dépositaire par état ou profession des secrets qu'on lui confie, ne peut les révéler sans encourir des peines de police correctionnelle. Ne doit-on pas, en effet, considérer comme un délit grave des révélations qui souvent ne tendent à rien moins qu'à compromettre la réputation de la personne dont le secret est trahi ; à détruire en elle une confiance devenue plus nuisible qu'utile ; à déterminer ceux qui se trouvent dans la même situation, à mieux aimer être victimes de leur silence que de l'indiscrétion d'autrui ; enfin à ne montrer que des traîtres dans ceux dont l'état semble ne devoir offrir que des êtres bienfaisans et de vrais consolateurs ? La nécessité de la peine en pareille matière est encore mieux sentie qu'elle ne pourrait être développée.

SUPPLÉMENT.

Il n'est peut-être pas désagréable aux lecteurs de connaître aussi les dispositions suivantes du Code pénal :

Après que différentes peines correctionnelles consistant tant en amendes qu'en emprisonnement, et même la mise sous la surveillance de la haute police, ont été fixées pour déstructions, dégradations et dommages ; notamment, art. 444, contre ceux qui auront dévasté des récoltes sur pied ou des plants venus naturellement ou faits de main d'homme ; art. 445, contre ceux qui auraient abattu un ou plusieurs arbres qu'ils savaient appartenir à autrui ; ou, art. 446, auraient mutilé, coupé ou écorcé des arbres, de manière à les faire périr ; art. 447, contre ceux qui auraient détruit une ou plusieurs greffes ; avec augmentation des peines, art. 448, dictées dans les trois articles précédens, si les arbres étaient plantés sur les places, routes, chemins, rues ou voies publiques ou vicinales ou de traverse ; art. 449, contre ceux qui auraient coupé des grains ou des fourrages qu'ils savaient appartenir à autrui ; et enfin, art. 450, contre ceux qui auraient coupé du grain en vert, il est ajouté au même art. 450 :

Dans les cas prévus par le présent article et les six précédens, si le fait a été commis en haîne d'un fonctionnaire public et à raison de ses fonctions, le coupable sera puni du maximum de la peine établie par l'article auquel le cas se référera.

Art. 479. Seront punis d'une amende de onze à quinze francs inclusivement ;

7.° les gens, qui font le métier de deviner et pronostiquer, ou d'expliquer les songes.

Art. 480. Pourra, selon les circonstances, être prononcée la peine d'emprisonnement pendant cinq jours au plus :

4.° Contre les interprètes de songes.

Art. 481. Seront de plus saisis et confisqués :

2.° Les instrumens, ustensils et costumes servant ou destinés à l'exercice du métier de devin, pronostiqueur ou interprète de songes.

Art. 482. La peine d'emprisonnement pendant cinq jours aura toujours lieu pour récidive, contre les personnes et dans les cas mentionnés en l'art. 479.

CODE
D'INSTRUCTION CRIMINELLE.

Art. 384. Les fonctions de juré sont incompatibles avec celles de ministre d'un culte quelconque.

STRASBOURG,
De l'imprimerie de Louis Fr. Le Roux,
Place du Dôme, N.° 17.

www.ingramcontent.com/pod-product-compliance
Ingram Content Group UK Ltd.
Pitfield, Milton Keynes, MK11 3LW, UK
UKHW022109170726
13837UKWH00003B/1140

9 782329 230931